CASARSE BIEN

Del noviazgo al matrimonio

GERMÁN MARTÍNEZ

LIBROS LIGUORI™
One Liguori Drive
Liguori, Missouri 63057-9999

Índice

Imprimi Potest:
Richard Thibodeau, C.Ss.R.
Provincial de la Provincia de Denver
Los Redentoristas

Imprimatur: Reverendo Joseph F. Naumann, Obispo auxiliar/vicario general, Arquidiócesis de St. Louis

ISBN 0-7648-1249-1

Impreso en Estados Unidos

El consentimiento y la entrega de anillos son de *Juntos Para toda la Vida,* por Joseph Champlin, Liguori Publications 1994.

Todas las citas bíblicas son de la *Biblia de América*, cuarta edición, 1994.
Para pedídos llame al 1-800-325-9521
www.liguori.org

El autor Padre Germán Martínez es profesor de la Universidad de Fordham, New York, y autor de cinco libros, uno de ellos dedicado al matrimonio. A través de su labor universitaria y parroquial, se ha dedicado a la promoción del liderazgo Hispano y al enriquecimiento espiritual de parejas y matrimonios.

Las presentes ideas y visión son el fruto de la colaboración de personas con experiencias matrimoniales muy diversas. Nuestro más profundo agradecimiento a todas ellas por confiarnos íntimas vivencias y desafíos de su camino matrimonial.

Introducción

Todos buscamos la felicidad y el amor. Para la mayoría de nosotros el mejor camino para encontrarlos es en el amor consagrado entre el hombre y la mujer. En la familia aprendemos a amar, y amando encontramos la felicidad. Sin embargo, aunque la mayoría de los jóvenes sueñan con el amor de pareja, todos sabemos que hoy los matrimonios experimentan dificultades. Y a veces vemos que Dios escribe derecho con nuestros renglones torcidos. Pero, ¡qué mejor aspiración que la de casarnos bien! Este es el fin que se propone este pequeño libro: apoyarles como pareja en el camino de un noviazgo que conduzca a un matrimonio feliz.

VEER

Para la pareja católica este camino es único: "casarse según el Señor" (1 Cor 7,39). Esto implica una conversión sincera al plan maravilloso de Dios para la pareja (Gen 1, 26-31) a la luz del misterio de Cristo. De aquí que su objetivo primordial sea desde ahora invitar a Cristo a ser parte de sus vidas, porque "sin mí no pueden hacer nada" (Jn 15,5). Así, la dimensión espiritual es el fundamento de una relación profunda de diálogo de la pareja, y con Dios. ¡No existe mejor garantía de vida y felicidad! Lo vamos a ver a continuación.

Ser y conocer a la persona ideal

VEER

Cinco pilares para casarse bien

Adivina: Edwin y Laura se conocieron hace un par de años. Son de distintos países, pero ambos comparten la cultura y espiritualidad hispanas. Con sus 25 abriles ya cumplidos, y enamorados, se quieren casar por la iglesia el próximo año. Por su parte, Peter y María, aunque provienen de dos mundos distintos, se enamoraron locamente y han decidido vivir juntos para conocerse bien antes de tomar la decisión.

Preguntémonos: ¿Cuál de las dos parejas va a tener un matrimonio feliz y duradero?

Aunque las estadísticas nos aseguran que en las parejas como Peter y María el porcentaje de divorcios es más alto, aún después de un matrimonio formal, no existe una simple fórmula de éxito en la compatibilidad matrimonial. El ser humano es muy complejo, y por tanto no puede haber lotería ni talismán para el éxito en el matrimonio. Sin embargo, la sabiduría acumulada de muchas parejas felices nos hablan de ciertos pilares sobre los que se puede edificar un compromiso sólido para toda la vida: *atracción personal, amistad sincera, independencia afectiva y efectiva, capacidad de compenetración y espiritualidad compartida.*

Atracción personal. Es cierto que la pareja que se casa es porque se quiere. Pero el "querer" (la química entre ambos) no es determinante, y sólo se convierte en piedra de toque cuando madura y crece. Dios hizo a Eva de la costilla de Adán: quiere decir que Eva correspondía plenamente a los deseos del corazón de Adán. Esta complementariedad da a la pareja gozo y estima personal. Sin embargo, esta piedra de toque puede ser también piedra de tropiezo. La trampa del fracaso se abre para las parejas que sólo se desean, sólo sienten atracción física, se aman ciegamente, y sueñan con expectativas ilusorias. Efectivamente, la persona libre no se casa por la sola conveniencia, ni por un sentimentalismo idealizado, sino porque ha sido atraída por una persona "de carne y hueso." Atracción personal significa compatibilidad que crece en un compromiso de fidelidad a la persona completa.

Concluyamos con una sugerencia. La persona ideal no existe. A diferencia de la relación de una pareja aislada, que se hace una "encerrona," la dinámica de una pareja dentro de un grupo de amigos o familiares le ofrece la mejor oportunidad para descubrir la persona compatible: sus reacciones con los demás revelan su personalidad. Cuando la novia, por ejemplo, observa cómo su novio ayuda a despejar la mesa tras una cena familiar, ésta va a tener una mejor idea de cómo sería él como esposo.

Amistad sincera. El romance genuino lleva necesariamente a la amistad y confianza sinceras. La pareja crece en una afinidad enriquecedora de deseos e intereses: Somos diferentes, pero tan iguales. "Te necesito porque te quiero (y no al revés), y puedo abrirte mi corazón para que compartamos nuestras vidas." Es cierto que la amistad es sólo una parte de la intimidad que se vive en el matrimonio. Una amistad duradera en la que son capaces de resolver sus problemas con respeto aunque haya desacuerdo —una de las garantías de compatibilidad, es mucho más importante que la pasión del amor.

Tengan en cuenta que la felicidad que une a la pareja en el noviazgo no garantiza necesariamente una relación duradera en el matrimonio. Esta relación tiene que madurar del enamoramiento "yo-tú" (amor infantil) al compromiso de "nosotros" (amor completo). Nos casamos con la convicción de que no todo va a ser color de rosa, pero pese a los desafíos que se presenten, y con la ayuda de Dios, perseveraremos juntos el uno para el otro.

Independencia afectiva y efectiva. El compromiso de "nosotros" consiste en una promesa incondicional de respetarnos mutuamente con un amor fiel, único y exclusivo, en lo cotidiano y en lo extraordinario, siempre. Esto implica la responsabilidad de mantener la estabilidad de un hogar en dos aspectos básicos: el emocional y el económico. Para que su vínculo de unión madure y crezca, tienen que vivir independientes desde un principio: ¡El bien de mi pareja viene primero! El cónyugue seguro de sí mismo no depende demasiado de los padres–o de los amigos–ni en lo emocional ni en lo económico, ya que "la casada casa quiere."

DYNAMIC GRAPHICS

Por otra parte, no se vive sólo de amor; lo cual nos lleva al segundo aspecto, el efectivo. Necesitamos trazarnos unas metas económicas realistas (la renta, el carro, cuidados de salud, etc.), además de unos objetivos de educación (que es primordial) y de ahorro. Los problemas económicos ocasionan las discordias más frecuentes en la pareja. Así, por el simple hecho de ser inmigrante en una cultura y un lenguaje ajenos, la familia hispana tiene más contratiempos que la Americana.

Compenetración y crecimiento. La relación de una pareja crece al salir juntos, interesarse el uno por el otro y conocerse mutuamente. Hablar mucho sobre temas importantes es clave vital en el noviazgo y matrimonio. Hablar significa dialogar no sólo de palabra, si no también con los ojos y el corazón— el habito primordial de la pareja. Si el diálogo no les transforma, es que no saben escuchar. El cimentar una relación sólida requiere tiempo para conocerse, y el conocerse es fruto del diálogo en la comunicación sincera. El matrimonio no cambia a la persona. Por tanto, es imperativo que hablen de decisiones importantes y de la dirección de sus vidas antes de comprometerse, ya que un futuro armonioso depende de un compromiso honesto. La compenetración de dos vidas depende más bien de la afinidad de sus valores comunes, y de su capacidad de compartir las decisiones (finanzas, relación con sus familias, expectativas mutuas, hijos, etc.), de aceptar sus diferencias de personalidad y de resolver sus conflictos.

Espiritualidad compartida. Tenga a Dios como centro, y Él responderá a los deseos más profundos de su corazón en el regalo de su pareja. Ese centro en Dios es lo que en realidad ansían los novios en su búsqueda del amor. Para encontrar este amor, sólo necesitan aprender a descubrirlo en su misma relación... Usted y yo, nosotros... Porque descubriendo el amor encuentran a Dios. Oigamos el Cantar de los Cantares:

> En mi lecho, por la noche,
> Busqué al amor de mi vida;
> Lo busqué y no lo encontré
> Me levanté, recorrí la ciudad,
> Las calles y las plazas.
> Me encontraron los centinelas
> que rondaban por la ciudad...
> Pero apenas los había dejado,
> encontré al amor de mi vida.
> Lo abracé y no lo soltaré
>
> *CANTAR DE LOS CANTARES 3,1-2.3-4*

La felicidad matrimonial depende en gran parte de la práctica religiosa, de una relación amorosa con Dios y de la oración personal y en pareja. Fíjense en los matrimonios que viven unidos la Eucaristía dominical: su relación es sólida como la roca; esta roca es Cristo (Mt 7,24-27). Sólo así pueden construir un hogar que pueda superar los cambios y desafíos de una vida. De aquí la importancia del discernimiento de sus pensamientos y sentimientos a través de la oración. Aún más, recurra a la oración aunque no tenga a nadie en su vida.

Al igual que un bello templo, el camino del noviazgo al matrimonio se va edificando sobre el conjunto armonioso de estos pilares; ya que son aspectos complementarios para la realización de un único objetivo: la comunión conyugal. Esto exige buscar la felicidad del otro (amor maduro) para encontrar la mía "en el amor que es principio de la comunión." (Juan Pablo II). Por el contrario, cuando el amor queda reducido al sexo, y a la convivencia le falta atención y ternura, la relación acaba descomponiéndose.

Nuestro compromiso de novios

DYNAMIC GRAPHICS

Silvia y Fernando llevan cultivando una relación amorosa desde hace años. Ya sus familias dicen que acabarán casándose. Un domingo Fernando sorprende a Silvia con el anillo de compromiso que le entrega delante de su propia familia. De repente, todos parecen sentir la misma emoción: "¡vivan los novios!". Pronto se entabla una conversación animada. Y hasta Fernando se atreve a preguntar a los padres de Silvia que llevan treinta años de feliz matrimonio con tres hijos, y todos estupendos: ¿Cuál es el secreto? La madre de Silvia responde sin titubeos: "!Darse!, hijo". A su vez, el padre de Silvia contesta a la misma pregunta a la velocidad del rayo. "Marta y yo hicimos un compromiso con la Virgen de Guadalupe antes de casarnos. No sólo le ofrecimos que no tendríamos relaciones sexuales antes de casarnos, sino que nos comprometimos a no tener relaciones sexuales los primeros tres días de nuestro matrimonio. La Santísima Virgen quedaba comprometida a bendecir nuestra unión y a comprometerse a educar a todos los hijos. Este es el secreto".

Darse: La fórmula del éxito

Antes de casarse, muchos novios tienen la idea de que el matrimonio es como un negocio en donde cada una de las partes se compromete a poner un 50% … y esto no funciona nunca. ¿Por qué? Sencillamente porque la vida misma hace muchas veces que nuestros compromisos no se lleguen a cumplir plenamente. Si sólo nos comprometimos a un 50% de nuestro matrimonio—para que la otra parte ponga el 50% restante—entre los dos nunca llegaremos al 100% y, por tanto, no vamos a tener nunca un matrimonio feliz.

¿Cuándo funciona un matrimonio?

Cuando desde el principio entienden que en el día de la boda se ofrecieron como regalo el uno al otro. Vivir para uno mismo no tiene sentido; Dios nos creó para darnos (brazos, corazón, etc.) Con este "darse" cada novio y cada novia se comprometen a entregarse y a cuidar del otro completa y exclusivamente. Sin embargo, "el darse" no depende sólo de una decisión, o deseo, sino también de nuestra capacidad individual. Por ejemplo, ¿Somos capaces de escucharnos, de tomar en serio los sentimientos del otro, de respetar nuestras diferencias como hombre y mujer, etc.? Viviendo juntos tenemos la oportunidad de descubrirnos a nosotros mismos y, por tanto, de comprender mejor nuestra capacidad de "darnos." Aunque también podemos encerrarnos en nuestros propios fallos, sin reconocerlos: el temor es destructivo.

"Conózcase a sí mismo:" Nuestras actitudes, y frecuentemente nuestros conflictos individuales, están enraizados en nuestros antecedentes familiares. Por ejemplo, si sus padres no eran comunicativos, o quizás no se correspondían con cariño, ¿cree usted que lo sabrá hacer con su pareja? No nacemos con las virtudes que dan solidez a una relación; las aprendemos, y por eso decimos que la felicidad está dentro de uno mismo, es un estado de la mente.

Ustedes van a ser distintos porque van a crecer juntos y con Dios en la construcción de una nueva familia. ¿Crecer cómo y en qué? Si revisan las secciones de los Cinco Pilares (al principio) y las Cinco Caras del Misterio matrimonial, reflexionando bien sobre ellas, tendrán la respuesta. En pocas palabras, ¿son el uno para el otro? Más concretamente: ¿Cuáles son mis puntos débiles, o mis virtudes, y hasta qué punto van a afectar nuestro matrimonio? ¿Estamos dispuestos a asumir nuestras obligaciones como padres católicos y a respetarnos en la igualdad de derechos y obligaciones? ¿Sabemos orar juntos?

DYNAMIC GRAPHICS

Hablemos del sexo

Las relaciones sexuales prematrimoniales no son una buena idea. Eliminan la libertad con la que los novios han de acercarse al matrimonio. Al haber tenido relaciones sexuales, los novios se sienten "obligados" el uno para con el otro. Esa "obligación" elimina la libertad necesaria para poder contraer matrimonio en gracia de Dios. La Iglesia Católica sabe lo que dice cuando propone encarecidamente a los novios de abstenerse de tener relaciones sexuales.

Muchos hombres les dicen a sus novias "si me quisieras, tendrías relaciones sexuales conmigo". Con el fin de agradar, las novias consienten al pedido del novio que una vez ha satisfecho sus deseos tiende a perder respeto por ella. El respeto y la fidelidad van de la mano. Cuando un hombre le dice a su novia que la quiere y que por tanto quiere tener relaciones sexuales con ella, la mejor respuesta por parte de la novia es: "si me quieres de verdad, sacrifiquémonos juntos ahora y tengamos relaciones sexuales después de estar casados." Esta es una prueba de amor clarísima por parte del novio. ¡Sorprenda a su pareja después la boda!

La sexualidad y la espiritualidad son buenos amigos; el amor auténtico, el que da la vida, los hace amigos. La Iglesia Católica les habla de los dos fines inseparables del encuentro sexual dentro del matrimonio—la unión de los esposos y la procreación, transmisión de la vida—e insiste en la paternidad generosa y responsable. Ella consiste en respetar su conciencia según las normas de la Iglesia, responsabilidad hacia nuestros hijos y respeto a la dignidad y funciones de propio cuerpo. Además, la Iglesia les propone—aunque no lo impone–como modelo sexual para tener más hijos o limitar el número de los mismos la Planificación Familiar Natural (Natural Family Planning en inglés.) El sacerdote de la parroquia, o también las parejas que les ayudarán con la preparación prematrimonial (Precana) pueden informarles sobre estos métodos, como el método de temperatura, de ovulación (Billings) y el sistotérmico. Muchas parejas los encuentran fáciles y bellos, aunque no son necesariamente para todas. La Planificación Natural Familiar viene a decir que los esposos han de respetar el ciclo natural de la mujer con el fin de tener hijos cuando la mujer es fértil y no tenerlos cuando la mujer no es fértil. Son métodos naturales en donde los anticonceptivos no tienen cabida.

Las parejas que usan la Planificación Familiar Natural experimentan un respeto mutuo que les beneficia enormemente en la relación matrimonial. Es más, al usar estos métodos naturales, cuando el marido quiere demostrar su afecto hacia su esposa y no lo puede hacer de manera sexual porque, de común acuerdo, han decidido espaciar el número de hijos, lo hace con gestos de servicio y cariño que la mujer aprecia profundamente.

La intimidad de la pareja culmina en la unión sexual. Entendida como comunicación corporal, esta unión les hace ver que la palabra humana en sí es pobre, y que sólo mediante su cuerpo pueden los esposos compartir la donación de su propio ser. Desde el beso y las caricias cariñosas hasta el éxtasis sexual, este compartir íntimo puede significar muchas cosas: aceptación, compromiso, su afirmación como hombre y su afirmación como mujer, e infinidad de otros sentidos.

Sin embargo, no todo es romántico, ni necesariamente una expresión de cariño y respeto. Tenga cuidado con la manipulación, los temores que puedan traer de su crianza, y las ideas erróneas. La sexualidad es bella (Génesis 1,31); ¡ah! pero también frágil. Como católicos, sabemos que la entrega sexual no es sólo la pasión carnal, sino también comunión espiritual; no sólo la saciedad de placer, sino también la experiencia de la ternura de Dios.

Cultiven los valores sanos, y hablen de sus gustos personales, especialmente a través del diálogo abierto y honesto. Este diálogo lo facilita, por una parte, nuestro cariño innato como Hispanos. Pero, por otra parte, nuestra crianza tiende a cohibirnos de hablar sobre algo tan íntimo, y quizás misterioso. ¿Quieren que sus relaciones íntimas crezcan y maduren, como pareja y con Dios? Que la comunicación de sus deseos íntimos sea confiada, para que la entrega de sus cuerpos sea profunda—una fiesta de amor y una fuente de vida.

DYNAMIC GRAPHICS

Nuestro matrimonio cristiano

Casarse por la Iglesia o por lo civil, ¿Qué más da?

Antonio y María están enamorados y deciden casarse. Ambos provienen de familias católicas, aunque su práctica religiosa se ha enfriado un poco al venir a los Estados Unidos. Antonio prefiere un simple matrimonio civil porque cree que el matrimonio por la Iglesia es muy complicado y costoso. María piensa de otra forma: "Hagámoslo en la casa de Dios para que él bendiga nuestra unión." Antonio se resiste: "Y además...no sabemos si nuestra relación va a funcionar". Y ustedes, ¿qué opinan de las razones de Antonio y María?

PAMELA HUMMELSHEIM

El casarse por la Iglesia ni es complicado ni costoso. La Iglesia sólo está interesada en su felicidad—pero que dure. Aunque nadie puede prever el futuro, lo cierto es que estadísticamente los matrimonios "a prueba" fracasan con mucha más frecuencia. Pues la esencia del matrimonio es compromiso de por vida. Nadie se tira al río para aprender a nadar. El noviazgo serio da tiempo para conocerse suficientemente; no tienen que convivir para saberlo. Ya que su corazón les dice que si se aman de verdad, se aman hasta la muerte. Las cosas a medias no resultan, por eso nunca debemos precipitarnos en tomar una decisión tan importante, como por ejemplo casarse muy joven. El matrimonio requiere madurez, que normalmente viene con la edad, además de una preparación que pide tiempo y reflexión. Por eso la Iglesia se pone a disposición de ustedes, como pareja y como miembros de una comunidad de fe.

Como pareja, el matrimonio en la Iglesia no es un simple rito; responde a los deseos más profundos del corazón humano. Todas las generaciones, incluso en culturas no cristianas, relacionaron el matrimonio con Dios y lo celebraron en comunidad. Un matrimonio civil se basa en un contrato; el matrimonio en la Iglesia es una alianza escrita en su corazón enriquecido con la gracia liberadora del Dios que los creó. Porque el rito matrimonial, que es el corazón de la boda, no es punto de llegada, si no de partida para emprender la aventura más apasionante—el matrimonio y la familia.

Las cinco caras del misterio

Los comentarios de Pedro y Anita

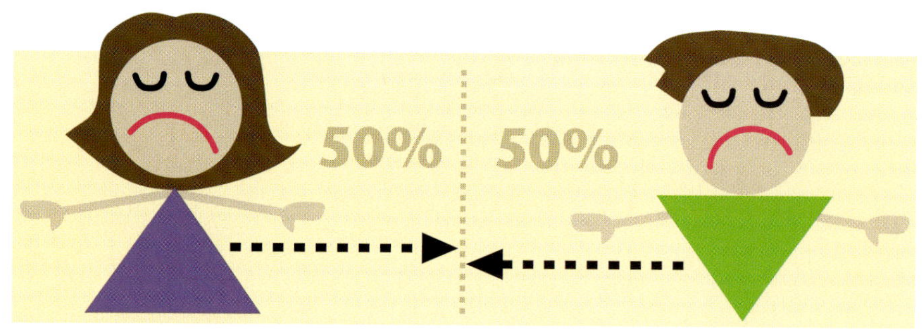

sobre su boda el sábado anterior parecían interminables. *"Que simpáticas estas palabras de Antonio Machado," leía Anita repasando las tarjetas de su boda: 'Caminante, son tus huellas/ el camino, y nada más;/ caminante, no hay camino,/ se hace camino al andar.' Y ella continuó: "Ya lo decía el padre de la parroquia: el matrimonio se celebra una sola vez, pero su profundo significado es como un misterio con muchas caras que tenemos que descubrir en el camino de la vida—como las caras de la piedra de mi anillo; y que en cada cara de nuestra relación palpitaría el corazón del misterio de Dios." Y Pedro respondió: "¿Qué caras?"*

Las siguientes caras del matrimonio expresan la riqueza del misterio sacramental. Este misterio sacramental no consiste sólo en la celebración del rito de boda, sino que se extiende a la realidad diaria del matrimonio y de la familia. Las llamamos caras vitales porque son como la sangre vivificante de la armonía y felicidad de los cónyuges que se disponen a cultivarlas durante toda la vida. Esta sangre fluye del corazón mismo del misterio conyugal. Son las siguientes: *vocación, comunión, alianza, sacramento y familia*.

Vocación. Aquí está la puerta del misterio sacramental. Esta palabra significa "llamado" de Dios. Desde el momento en que se conocen, la pareja ya se está preparando para una vocación especial que dura toda la vida. Si se preparan para un trabajo profesional, ¿por qué no prepararse para la profesión más importante de la vida? Toda profesión es como un camino que requiere sacrificios y tiempo para madurar y crecer.

Como compañeros de camino, el vínculo de unión les compromete a ponerlo todo en común: ideales, recursos, penas y alegrías. Cierto que cada uno sigue siendo único en su personalidad, espiritual y físicamente. Por eso, no traten de cambiar a su pareja, sino traten de conectar con ella tal y como es. Dios tiene un plan maravilloso para la familia que van a formar, y les "llama" a llevar a cabo este plan, "Él con ustedes."

Comunión. Ella es el corazón del misterio sacramental. Por esta razón, la Iglesia llama al matrimonio "comunidad íntima de vida y amor," que brota de la fuente del amor divino y se manifiesta en la donación mutua de los esposos. Confíen el uno en el otro, y respeten los espacios libres de cada uno en la responsabilidad mutua. En esta comunión conyugal se fusionan tres aspectos de una misma realidad: el amor, la intimidad y la sexualidad.

El amor es fuerza de unión, cuando lo físico (*eros*) incluye lo espiritual (*agape*), y ambos implican la amistad (*philia*), siguiendo una clasificación clásica. La pasión amorosa no basta para mantener unida una pareja. Sólo cuando usted sufra por su pareja y sepa manejar los conflictos de convivencia de forma constructiva, podrá decir que ama de verdad. La pareja madura en el camino de la convivencia diaria con la tolerancia mutua, la oración y la práctica religiosa, además de otras muchas virtudes caseras. Ya que el amor no se "hace", sino que se vive y se practica día a día.

La intimidad es fuente de gozo para las parejas que se muestran ternura, comprensión y confianza, que se relacionan sin caretas, o actitudes defensivas, en el dar y recibir de la convivencia diaria. Es esta convivencia diaria la que pone a prueba el verdadero amor. Y que nunca falte el buen humor, o un detalle bello: el "te quiero mucho" de cada día, una flor, una sonrisa, y otras cositas.

La sexualidad nos muestra lo que somos, no algo que hacemos. El encuentro sexual afirma a la pareja y la hace creadora "con Dios" en la transmisión de la vida humana. Es un gran don de Dios que crece intensamente en un clima de respeto, y en el calor de la ternura de personas emocionalmente sanas.

Alianza. Ella sella el misterio sacramental. Dios dijo al contemplar la primera pareja: "Así todos sabrán como amo yo." Por eso los profetas vieron en el matrimonio el modelo de la alianza entre Dios y su pueblo. También lo hizo S. Pablo (Ef 5,32) al llamar al matrimonio misterio que revela el amor del Esposo (Cristo) con la Esposa (la Iglesia). Los contratos en papel se rompen; la alianza en los corazones es para siempre.

La alianza bíblica nos revela los secretos de la comunicación diaria, que es

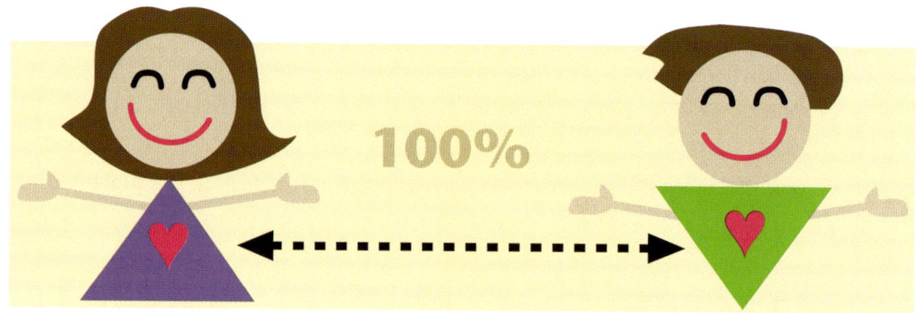

la sangre vital de las relaciones matrimoniales. Todo lo mejor que podamos decir de la revelación de Dios contenida en la Biblia, lo podemos atribuir a la comunicación sincera entre los esposos. En ambos casos se dan cuatro cosas: *diálogo, comunión, presencia y poder*.

Diálogo significa decir la verdad con respeto, transparencia y en el momento oportuno, y saber escuchar en la comprensión, pero sin refugiarse en el silencio; *comunión* es compartir con cariño nuestro ser en todos los aspectos de la vida conyugal; *presencia* quiere decir dedicarse a la esposa o al esposo, y estar con la familia; y *poder* viene a ser promover el bien de nuestro cónyuge y aceptarlo tal como es, y en el perdón para el bien común—nunca se acuesten con morros. Sin embargo, sean conscientes de que los desafíos son parte de la vida, y que ni el amor ni la fe lo arreglan todo. Por ejemplo, hombre y mujer tienen formas distintas de manifestar el amor, de responder sexualmente, de comunicar necesidades emocionales y expresar puntos de vista diferentes. Por tanto, es importante que sepan aceptar las diferencias entre ustedes y que lleguen a un sistema de resolver conflictos en el respeto mutuo y la privacidad. Si la comunicación sincera es vida, las tensiones continuas son la muerte de una relación íntima.

VEER

La familia católica representa la cara social del misterio sacramental, y es a su vez su camino.

Sacramento. Por sacramento del matrimonio entendemos, no un rito, sino la misma vida de los esposos, quienes por amor a Cristo son en sí mismos signo de Dios que es amor. Por eso decimos que la finalidad primordial del matrimonio es la salvación mutua de los esposos. En el rito del matrimonio celebramos la presencia del misterio de Dios creador que se nos da a sí mismo, la gracia del sacramento. Lo llamamos sacramento porque es encuentro de fe personal y viva en Dios y un compromiso enraizado en nuestro bautismo, celebrado en el cuerpo de Cristo, la Iglesia, y sellado en la Eucaristía. El mismo cuerpo de ustedes como pareja está sobre el altar: "Recibid el Cuerpo de Cristo" en comunión mutua con Él—el mejor sostén para un crecimiento matrimonial a través de la vida. Concluyamos con un ejemplo importante. A veces la relación amorosa puede parecer que falla, pero el matrimonio continúa por amor a los hijos y al compromiso sacramental.

Familia. La familia católica representa la cara social del misterio sacramental, y es a su vez su camino. A la noche oscura sigue el fresco amanecer. Así pues, no existen matrimonios perfectos, sólo matrimonios buenos. Este aspecto de familia les indica que el sacramento no se reduce a un mero rito de boda: no están ya casados simplemente, si no más bien tienen que seguir creciendo casados; son sacramento el uno para el otro durante toda la vida —de sanación, de comprensión y de responsabilidad como padre y madre. De ahí que los primeros tres o cinco años sean decisivos para crecer juntos, es decir, compenetrados en el mismo objetivo de fundar una familia.

Con el primer hijo se da un reajuste de convivencia, que a veces resulta difícil. La familia, cuya finalidad primordial es la de criar hijos que sean capaces de amar, es la joya de nuestra cultura Hispana. Su familia es su prioridad absoluta, y tienen que defenderla contra las amenazas y desafíos de la sociedad secularizada en que vivimos.

Estas caras vitales, aplicables en cualquier cultura del mundo, representan la rica visión del misterio sacramental según la tradición católica. A diferencia de las Iglesias protestantes, u otras religiones, nosotros creemos que la alianza matrimonial, obra del Creador, fue renovada por el amor esponsalicio de Cristo en la cruz. Por eso llamamos a esta alianza misterio sacramental: "Gran misterio es éste, que yo relaciono con la unión de Cristo y de la Iglesia" (Ef 5,32).

Doce preguntas que hace la gente

¿Tenemos que casarnos por lo civil antes de casarnos por la Iglesia?

No; tengan o no papeles de residencia, vayan al edificio del ayuntamiento a pedir la licencia para poder casarse. La entregan días antes de la boda al sacerdote (o diácono) que les va a casar. El la devuelve con su firma al ayuntamiento después de la boda. El matrimonio en la Iglesia es tanto civil como eclesiástico.

¿Cuánto tiempo hay que esperar para casarse?

Muchas diócesis piden un plazo mínimo de seis meses. Es importante que vayan a hablar con el sacerdote (o diácono) cuanto antes, una vez que se hayan comprometido. Como no hay dos casos iguales, conviene que hablen de este tema con él. Todas las diócesis piden que en el transcurso de preparación a la boda asistan a un taller sobre vida matrimonial.

¿Cuánto cuesta el matrimonio en la Iglesia católica?

El matrimonio como sacramento es un don de Dios que no tiene precio. Sin embargo, muchas parroquias piden que ustedes contribuyan a los gastos de su boda con su aportación personal. La cantidad suele variar según los criterios de la diócesis donde residen. Incluso puede ser voluntaria según las posibilidades económicas de cada pareja.

¿No es mejor conocerse viviendo juntos antes del matrimonio?

No; el vivir como pareja antes del matrimonio, o la "unión a prueba" es un pecado desde el punto de vista religioso porque es un error desde el punto de vista humano. En primer lugar, es inmoral porque es una falta seria de integridad: el acto sexual pertenece exclusivamente al matrimonio, en el que hay una donación total y definitiva entre hombre y mujer. Un noviazgo serio y casto es el mejor camino para conocerse y tomar una decisión libre y con conocimiento de causa.

¿Está permitido el casamiento entre un católico y uno de otra religión?

Sí; aunque el sacerdote (o diácono) tiene que pedir al obispado un permiso expreso que normalmente se les concede. En muchos casos es sólo cuestión de trámite. Sin embargo, es muy importante que ustedes, respetando la conciencia de cada uno, se pongan de acuerdo en los aspectos de práctica religiosa, especialmente en lo que se refiere a la obligación de bautizar y educar en la fe católica a sus futuros hijos.

COMSTOCK

Estoy embarazada. ¿Puedo celebrar mi matrimonio en la Iglesia?

Sí, puede celebrarlo. Sin embargo, cometería un error casándose sólo por el hecho de que está embarazada. Uno se casa por convicción tras la debida preparación, en una relación que ya ha madurado y con el compromiso sólido de ambos. En lugar de precipitarse indebidamente, debería esperar a que naciese el bebé.

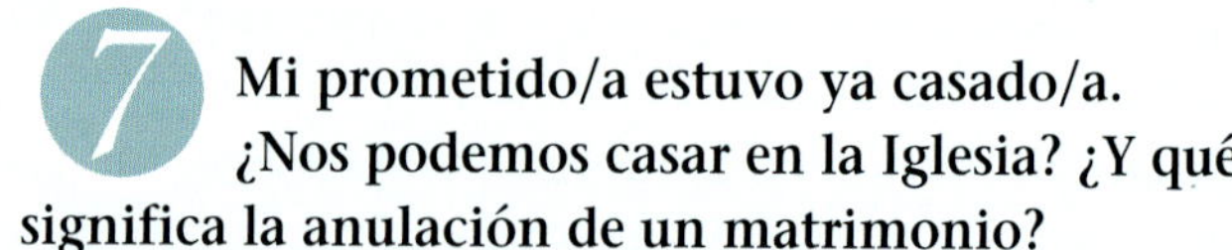

Mi prometido/a estuvo ya casado/a. ¿Nos podemos casar en la Iglesia? ¿Y qué significa la anulación de un matrimonio?

Sí, se pueden casar siempre que el matrimonio previo no fuese válido según las leyes de la Iglesia, o en caso de viudez o anulación. El matrimonio es para siempre: un compromiso permanente e indisoluble. La Iglesia declara la nulidad de un matrimonio anterior en el caso de esposos católicos divorciados, cuya unión fue inválida sacramentalmente por faltarle algún requisito esencial. La persona a la que se le ha concedido la anulación de su matrimonio puede casarse de nuevo por la Iglesia. Por otra parte, la Iglesia acoge con compasión e invita a la práctica sincera de la fe a los divorciados que se casan civilmente sin una anulación previa.

PAMELA HUMMELSHEIM

8 ¿No deberíamos buscar a alguien de nuestra propia cultura y formas de ser? Por ejemplo, ¿no sigue siendo el marido la autoridad de la familia?

Vivimos en el país de mayor diversidad cultural del mundo. Es esencial integrarse en nuestra comunidad americana y aprovechar lo mejor que nos ofrecen los Estados Unidos (aprender el inglés, educarnos, etc.). Todo esto sin perder nuestra propia identidad espiritual y evitando las amenazas a nuestro matrimonio, como el desarraigo, el alcohol, el materialismo y la sumisión machista de la mujer. La diversidad cultural puede enriquecer inmensamente nuestras vidas, pero siempre que seamos capaces de entrelazar con criterios sanos ambas culturas. Por otra parte, tengamos en cuenta que cada pareja tiene sus formas de convivencia. Lo importante es que cada pareja, compartiendo las obligaciones del hogar, viva en la armonía y el respeto mutuos. Ciertamente la Iglesia condena el machismo e insiste en la igualdad de derechos y dignidad de ambos esposos.

9 ¿Es posible tener un matrimonio muy sencillo, sin misa ni muchos invitados?

Ciertamente que es posible; no tienen mas que indicárselo al sacerdote (o diácono). El rito del matrimonio puede celebrarse sin la misa, especialmente cuando uno de ustedes no es católico. Un rito completo de matrimonio sin misa tiene los mismos efectos y suele llevar alrededor de media hora. Incluye las siguientes partes: la procesión de entrada, dos lecturas bíblicas, la ceremonia propia del matrimonio, las bendiciones y la conclusión final.

10 ¿Debemos confesarnos antes de la boda?

Sí; hay que prepararse espiritualmente para un sacramento tan santo e importante que celebra nuestra misión cristiana en la vida. Ya que somos pecadores, ¿qué mejor que reconocerlo ante Dios y recibir ayuda y dirección espiritual del sacerdote? El restablecer nuestra amistad con Dios y aceptar el perdón es una experiencia de gracia profundamente liberadora.

11 Si surgen problemas insolubles entre nosotros como pareja, ¿a quién debemos acudir?

En primer lugar, a ustedes mismos. A no ser que haya un conflicto serio (alcoholismo, abuso físico o mental, etc.), generalmente es un problema de comunicación y, por tanto, sólo ustedes pueden resolver sus propios conflictos. El culpar y el pretender tener la razón son dos callejones sin salida. En segundo lugar, cuando uno se siente impotente, y antes de acabar en una convivencia de divorcio espiritual, de faltas continuas de respeto, o de conflictos y temores inexplicables, se debe buscar ayuda profesional de consejería matrimonial y familiar. Huir del problema buscando a otro compañero u otra compañera es un grave error, porque acaba uno encontrando problemas semejantes de convivencia. Lo demuestra el hecho de que hay un porcentaje más alto de divorcio en los segundos matrimonios.

12 ¿Cómo podemos enriquecer nuestro matrimonio?

Como un bello jardín de rosas donde no faltan espinas, el matrimonio necesita su cultivo a lo largo de la vida. Tiene que seguir creciendo, es decir, manteniendo viva la comunicación y compartiendo la vida del otro cónyuge. La pareja sana toma su tiempo de relajación a solas, dentro y fuera del hogar, y también con los hijos. Si queremos sobrevivir como pareja unida, tenemos que proteger nuestro matrimonio contra una sociedad secularizada. Entre otras cosas, es importante tener amistad con otras parejas que comparten nuestros ideales católicos. La vivencia de la Eucaristía semanal juntos, la participación en la vida de la parroquia, y la oración en casa son el apoyo esencial de la espiritualidad matrimonial y familiar. Vivir como familia en la fe es ya camino de santidad. Además, existen movimientos de apoyo y espiritualidad, como los Encuentros Matrimoniales. La mejor forma de encontrar la felicidad es darla a los demás abrazando nuestra propia cruz.

COMSTOCK

Nuestra boda

PAMELA HUMMELSHEIM

¿Cuáles son los trámites para casarnos?

John y Karina llevan dos años saliendo juntos. En sus casas ya todo el mundo sabe que en su corazón están comprometidos. Es sabido que para muchas familias Hispanas, la costumbre de pedir la mano de la novia corresponde al novio, quien lo hace a veces junto con sus padres. En este caso, John decide hacerlo por su cuenta, aunque se siente muy nervioso: "¿que pasa si el padre de Karina me dice que no?" Sin embargo, todo le sale a pedir de boca. "Les felicito—dice el padre—pero no piensen que el matrimonio es todo liso y llano; tiene sus 'ringo rangos'... Bueno, lo primero será hablar con el Padre Arturo de la parroquia."

En nuestra sociedad individualista, el cortejo cambia drásticamente de una pareja a otra. Sin embargo, algunas de nuestras familias, que incluyen a veces tíos, primos, etc. siguen conservando tradiciones centenarias, ritos de paso al matrimonio, cuya finalidad es el apoyo a la pareja en el momento más decisivo de su vida. Estos ritos se ven mejor como un proceso de transición y preparación para el cambio del estado de soltero a la relación de casados.

Estas tradiciones se resumen en dos fases: *el pedir la mano, que incluye el compromiso de matrimonio, y la boda misma*. En la parroquia de Nuestra Señora de Guadalupe, el Padre Arturo tiene la costumbre de presentar a las parejas comprometidas junto con sus padres al final de la misa. Cada pareja pide la bendición a sus padres. Luego el Padre Arturo invita a toda la asamblea a extender las manos hacia estas parejas y les da su bendición. Un aplauso de felicitación concluye el rito de compromiso.

Las parejas que enfatizan la búsqueda del placer personal, que incluye la diversión de todo tipo al igual que el sexo, y del romanticismo, se pueden hundir en el aislamiento de nuestra sociedad de anonimato. De aquí la importancia de estos apoyos por parte de la familia y de la comunidad. En el aislamiento no se puede explorar bien una relación: la pareja no crece, más bien se empobrece.

La boda, que suele ser en la parroquia de la novia, se debe planificar con la mayor antelación posible. Si queremos que nuestra boda sea bella, tenemos que prepararla diligentemente. Entre el trabajo, las obligaciones de la vida y su noviazgo, el tiempo se les va a pasar volando. La boda en sí tiene varios aspectos referentes a la Iglesia, los requisitos civiles y el banquete de boda. El día de boda debe ser enteramente para ustedes; así que no dejen nada por resolver para ese día (ningún detalle, ninguna preocupación). Vívanlo en el encuentro con Dios, el amor, la alegría, y el cariño de sus familiares y amigos.

Antes de irse a su casa, John le pregunta a su novia: "Karina, ¿y qué es eso de 'ringo rango'?" "Pues mira, no estoy muy segura, pero creo que mi padre quiso decir que el matrimonio tiene sus contratiempos. Bueno, que no es como el noviazgo y que una relación se hace día a día con renuncias y sacrificios." "No me extraña ahora—replica John— el cuento de la barquita que nos contó el Padre Arturo. Decía que el *amor, el respeto, el compromiso y la fe* eran como las cuatro manos de la pareja en los remos de una barquita. Y que sólo al compás de estas cuatro manos podríamos navegar felizmente por el río de la vida matrimonial."

El rito de boda: Una gran fiesta de vida y amor

La boda llegó en un abrir y cerrar de ojos. A la entrada de la Iglesia, iba creciendo al ritmo de abrazos y besos, un ambiente de fiesta. En el centro del bullicio se encontraban John y Karina con sus padrinos, damas y caballeros, los niños que hacían de pajes, y sus padres. También estaban sus familiares y amigos, e incluso algunos miembros de la parroquia. Los principales símbolos de la boda Hispana estaban incluidos: los anillos, las arras, el lazo, y el ramo de la Virgen. Era una boda para toda la comunidad, preparada diligentemente, y con la participación activa de los asistentes (lecturas, canto comunitario, etc.): una gran fiesta de vida y amor.

No se contenten con una simple ceremonia, que sea una fiesta llena de gozo y llena también de Dios. Su boda es única: ¡Disfrútenla al máximo con una preparación seria! Aunque la pareja es el centro de atención, y sobre todo los ministros verdaderos del sacramento, el sacerdote (o diácono) que preside es el responsable del rito, y por tanto eviten el ponerse nerviosos.

El rito se desarrolla normalmente dentro de la misa. Comienza con la procesión solemne de damas y caballeros, dama de honor y, al final, la novia acompañada del padre, o un familiar o amigo escogido. Llegados al pie del altar, el padre entrega la novia al novio,

En la primera visita, el sacerdote (o diácono) les va a dar una idea completa de los trámites previos a su boda:

- *Los certificados de sus bautismos, que piden a la parroquia donde fueron bautizados*
- *El taller de preparación al matrimonio (Precana), que suele durar un poco más de medio día, aunque hay diferentes programas, y se hace con otras parejas y un sacerdote (o diácono)*
- *La licencia civil para casarse (no casamiento civil), que se pide en el edificio de ayuntamiento de la parroquia donde se casan*
- *La fecha de la boda, que se anota en el calendario de la parroquia*
- *La preparación de la Iglesia (liturgia, música y flores, etc.)*
- *La entrevista formal con el sacerdote, para asentar su matrimonio en el libro de registro de la parroquia. En este encuentro, el sacerdote (o diácono) les hablará del valor sacramental del matrimonio y de la importancia de su preparación espiritual, como por ejemplo ir al sacramento de la confesión.*
- *El ensayo del rito en la iglesia, que suele tenerse una semana antes con los padrinos y otros participantes. Se prepara el rito y las formas de participación litúrgica comunitaria. Deben indicar al sacerdote (o diácono) sus preferencias respecto a tradiciones particulares de su país de origen.*

COMSTOCK

Este es el corazón del rito, en el cual la pareja, volviendo el uno hacia el otro e intercambiando su mirada, pronuncian las promesas matrimoniales. La fórmula más tradicional es la siguiente:

Yo, N., te acepto a ti, N., como mi esposa/o y prometo serte fiel en lo próspero y en lo adverso, en la salud y en la enfermedad, y amarte y respetarte todos los días de mi vida.

La bendición y entrega de los anillos. Cada esposo introduce en el dedo anular del otro cónyuge el anillo, diciendo normalmente:

N. recibe este anillo como signo de mi amor y de mi fidelidad. En el nombre del Padre y del Hijo y del Espíritu Santo.

que está acompañado del padrino. El rito del matrimonio se desarrolla inmediatamente después de la homilía, de la siguiente forma:

- La monición del sacerdote.
- El escrutinio, o preguntas del sacerdote a los novios.
- El consentimiento, o intercambio de votos matrimoniales.
- La bendición y entrega de los amillos.
- La bendición y entrega de las arras, si lo desean los esposos. El esposo toma las arras, unas trece monedas simbolizando la riqueza de los desposados, y teniéndolas entre las manos juntas, las entrega a la esposa, quien las recibe con las dos manos debajo de las de su esposo:

  N., estas arras representan el fruto de nuestra labor. Recíbelas como signo del esfuerzo nuestro de vivir una vida sencilla siguiendo a Cristo y a su Evangelio.

  La esposa responde:

  N., las recibo en señal del cuidado que tendremos y de compartir nuestros bienes con los más necesitados que encontramos en el camino de la vida.

  El lazo (que es un gran rosario doble), si lo desean los esposos, se lo suelen poner los padrinos después del *Santo, Santo* (los esposos se arrodillan), y lo retiran después de la comunión.
- La bendición nupcial del sacerdote sobre los esposos arrodillados viene después del Padre Nuestro. Los padres de los esposos suelen acompañar a sus hijos en esta bendición extendiendo sobre ellos las manos. A continuación hay el intercambio del saludo de paz.
- El ramo de la virgen. Los esposos, si es su deseo, van al altar de la Virgen antes del canto de salida. Pueden ir en compañía de los padrinos. La esposa deposita sobre el altar el ramo de flores, confiando su familia a Nuestra Señora.
- Conclusión de la celebración. Después de la bendición del sacerdote, salen los nuevos esposos, seguidos a distancia de los padrinos y demás participantes.

Concluída la gran fiesta ritual de vida y amor, John y Karina cruzaron absortos su mirada; era una mirada radiante de felicidad. El Padre Arturo se dirigió a los nuevos esposos: "Mis queridos amigos, este es el gran día para recordar. Por mi parte, aquí tendrán siempre un buen amigo. Que pronto volvamos a celebrar juntos el Banquete del amor de Cristo. Que con su gracia, y el favor de la Virgen María, puedan construir una bella familia cristiana. De nuevo les felicito con gran cariño: Ustedes son la sonrisa del mundo." La respuesta de la asamblea no se hizo esperar, irrumpiendo en un caluroso aplauso.

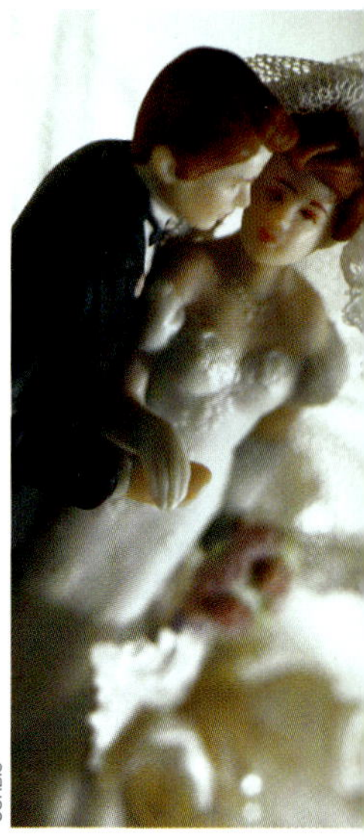

CORBIS